CEDAR MILL
COMMUNITY LIBRARY
12505 NW CORNELL RD.
PORTLAND, OR 97229
503-644-0043

La vida de una rana

Dona Herweck Rice

Asesor

Timothy Rasinski, Ph.D.
Kent State University

Créditos

Dona Herweck Rice, *Gerente de redacción*
Robin Erickson, *Directora de diseño y producción*
Lee Aucoin, *Directora creativa*
Conni Medina, M.A.Ed., *Directora editorial*
Ericka Paz, *Editora asistente*
Stephanie Reid, *Editora de fotos*
Rachelle Cracchiolo, M.S.Ed., *Editora comercial*

Créditos de las imágenes

Cubierta Mark Kostich/iStockphoto; p.3 Elena Elisseeva/Shutterstock; p.4 Marek Mierzejewski/Shutterstock; p.5 Buddy Mays/Photo Library; p.6 Dirk Ercken/Shutterstock; p.7 Kerstin Layer/Photo Library, Marius Neacsa/iStockphoto; p.8 dabjola/Shutterstock; p.9 Matej Ziak/Shutterstock; p.10 hagit bekovich/Shutterstock; p.11 François Gilson/Photo Library; p.12 Hans Pfletschinger/Photo Library; p.13 Jiří Hodeček/iStockphoto; p.14 gosn.Momcilo/Shutterstock; p.15 Cathy Kiefer/Shutterstock; p.16 Marius Neacsa/iStockphoto, gosn.Momcilo/Shutterstock, Jiří Hodeček/iStockphoto; p.17 dabjola/Shutterstock, Matej Ziak/Shutterstock, Hans Pfletschinger/Photo Library; p.18 Petrov Anton/Shutterstock; p.19 Dirk Ercken/Shutterstock, Elena Elisseeva/Shutterstock, dabjola/Shutterstock; back cover Richard Peterson/Shutterstock

Basado en los escritos de *TIME For Kids.*

TIME For Kids y el logotipo de *TIME For Kids* son marcas registradas de TIME Inc. Usado bajo licencia.

Teacher Created Materials
5301 Oceanus Drive
Huntington Beach, CA 92649-1030
http://www.tcmpub.com

ISBN 978-1-4333-4419-0

© 2012 Teacher Created Materials, Inc.

Todo empieza en una charca.

Esta es la casa de la rana madre.

Está lista para tener crías.

Pone los huevos en el agua. Cada huevo puede convertirse en una rana.

Los **renacuajos** nacen del cascarón de los huevos.

El renacuajo se parece a un pez pequeño.

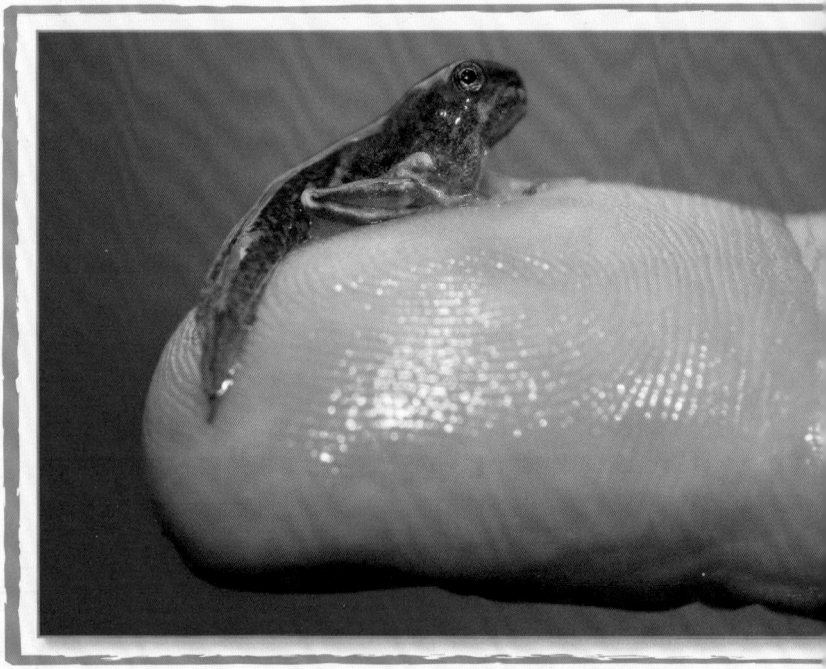

El renacuajo crece.

¡Se parece a un pez con dos patas!

Luego, le crecen cuatro patas.

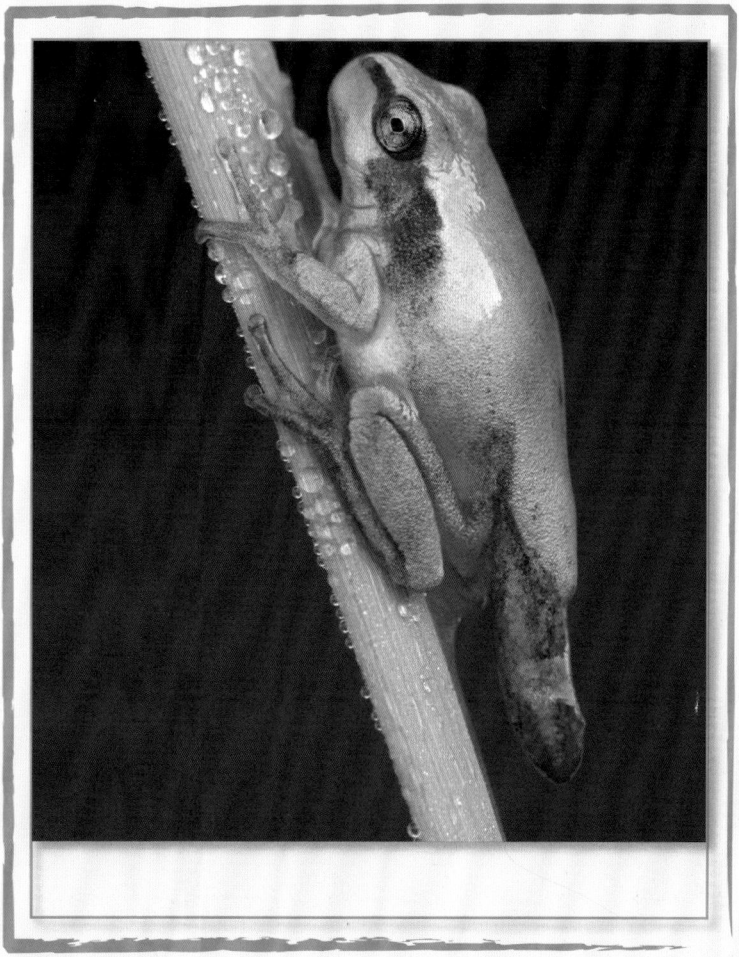

Ahora se parece más a una rana.

Cada rana joven se convierte en una rana adulta.

La rana se parece a su madre y padre.

Entonces la rana adulta también puede tener renacuajos.

Todo empezará de nuevo.

Esta es la vida de una rana.

Glosario

charca

rana

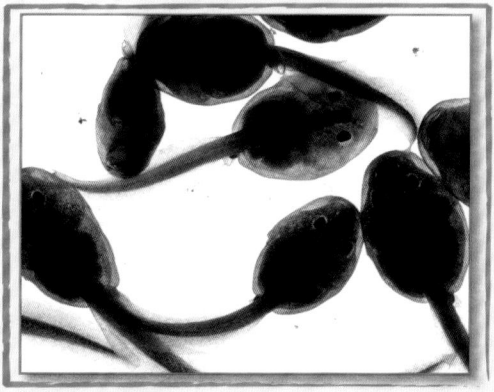

renacuajos

Palabras para aprender

adulta
charca
crece
crías
convertirse
empieza
huevos
joven
madre
nacen
padre
patas
pez
pone
rana
renacuajos
vida